First Picture Dictionary
Animals

Första bildordboken
Djur

Pig
Gris

Rabbit
Kanin

Butterfly
Fjäril

Fox
Räv

Illustrated by Anna Ivanir

www.kidkiddos.com
Copyright ©2025 by KidKiddos Books Ltd.
support@kidkiddos.com

All rights reserved. No part of this book may be reproduced in any form or by any electronic or mechanical means, including information storage and retrieval systems, without written permission from the publisher, except in the case of a reviewer, who may quote brief passages embodied in critical articles or in a review.
First edition, 2025

Library and Archives Canada Cataloguing in Publication
First Picture Dictionary - Animals (English Swedish Bilingual edition)
ISBN: 978-1-83416-765-7 paperback
ISBN: 978-1-83416-766-4 hardcover
ISBN: 978-1-83416-764-0 eBook

Wild Animals
Vilda djur

Lion
Lejon

Tiger
Tiger

Giraffe
Giraff

✦ A giraffe is the tallest animal on land.
✦ *En giraff är det högsta djuret på land.*

Elephant
Elefant

Monkey
Apa

Wild Animals
Vilda djur

Hippopotamus
Flodhäst

Panda
Panda

Fox
Räv

Rhino
Noshörning

Deer
Hjort

Moose
Älg

Wolf
Varg

✦ A moose is a great swimmer and can dive underwater to eat plants!

✦ *En älg är en duktig simmare och kan dyka under vatten för att äta växter!*

Squirrel
Ekorre

Koala
Koala

✦ A squirrel hides nuts for winter, but sometimes forgets where it put them!

✦ *En ekorre gömmer nötter för vintern, men glömmer ibland var den lade dem!*

Gorilla
Gorilla

Pets
Husdjur

Canary
Kanariefågel

✦ *A frog can breathe through its skin as well as its lungs!*
✦ *En groda kan andas genom sin hud såväl som genom sina lungor!*

Guinea Pig
Marsvin

Frog
Groda

Hamster
Hamster

Goldfish
Guldfisk

Dog
Hund

> ✦ *Some parrots can copy words and even laugh like a human!*
> ✦ *Vissa papegojor kan härma ord och till och med skratta som en människa!*

Cat
Katt

Parrot
Papegoja

Animals at the Farm
Djur på gården

Cow
Ko

Chicken
Kyckling

Duck
Anka

Sheep
Får

Horse
Häst

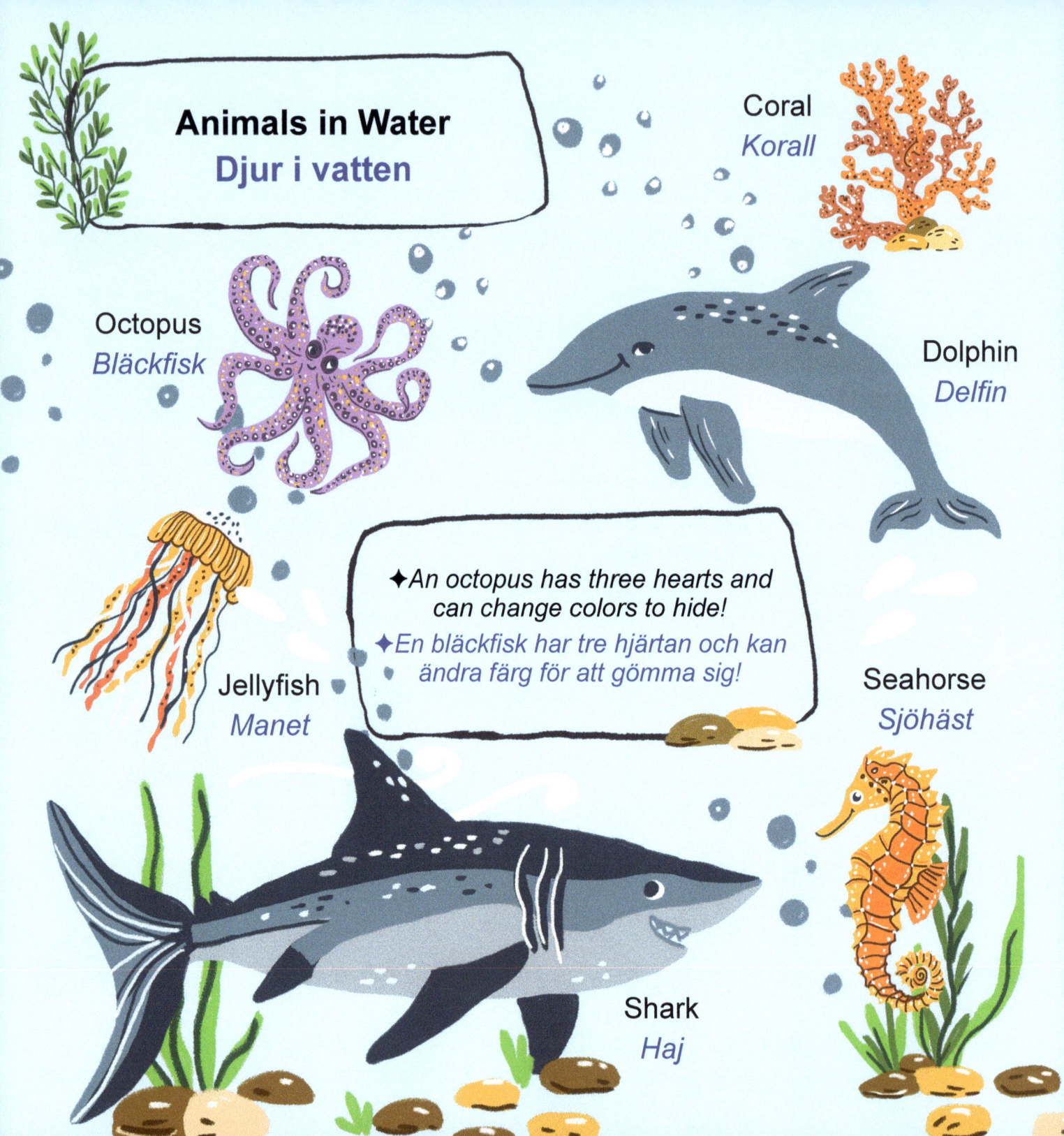

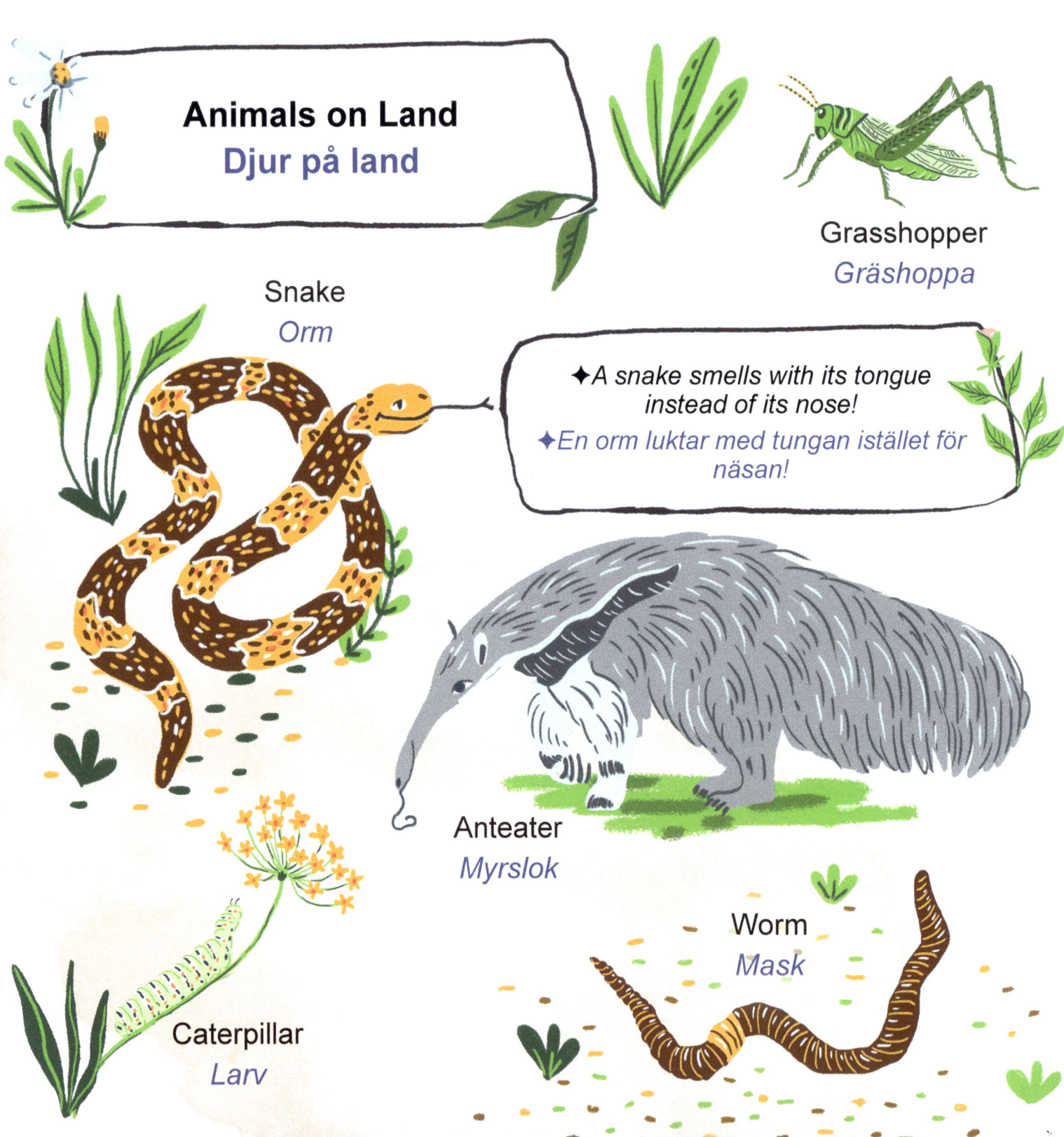

Small Animals
Små djur

Chameleon
Kameleont

Spider
Spindel

✦ An ostrich is the biggest bird, but it cannot fly!
✦ *En struts är den största fågeln, men den kan inte flyga!*

Bee
Bi

✦ A snail carries its home on its back and moves very slowly.
✦ *En snigel bär sitt hem på ryggen och rör sig mycket långsamt.*

Snail
Snigel

Mouse
Mus

Quiet Animals
Tysta djur

Ladybug
Nyckelpiga

Turtle
Sköldpadda

✦ A turtle can live both on land and in water.
✦ *En sköldpadda kan leva både på land och i vatten.*

Fish
Fisk

Lizard
Ödla

Owl
Uggla

Bat
Fladdermus

✦A firefly glows at night to find other fireflies.
✦ *En lysmask lyser på natten för att hitta andra lysmaskar.*

✦An owl hunts at night and uses its hearing to find food!
✦ *En uggla jagar på natten och använder sin hörsel för att hitta mat!*

Raccoon
Tvättbjörn

Tarantula
Tarantel

Colorful Animals
Färgglada djur

A flamingo is pink
En flamingo är rosa

An owl is brown
En uggla är brun

A swan is white
En svan är vit

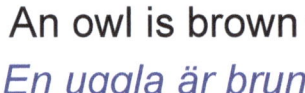

An octopus is purple
En bläckfisk är lila

A frog is green
En groda är grön

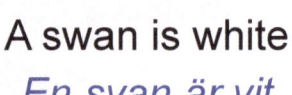

- A frog is green, so it can hide among the leaves.
- *En groda är grön, så den kan gömma sig bland bladen.*

Animals and Their Babies
Djur och deras ungar

Cow and Calf
Ko och kalv

Cat and Kitten
Katt och kattunge

Chicken and Chick
Kyckling och liten kyckling

✦ A chick talks to its mother even before it hatches.
✦ *En kyckling pratar med sin mamma redan innan den kläcks.*

Dog and Puppy
Hund och valp

Butterfly and Caterpillar
Fjäril och larv

Sheep and Lamb
Får och lamm

Horse and Foal
Häst och föl

Pig and Piglet
Gris och griskulting

Goat and Kid
Get och killing

www.ingramcontent.com/pod-product-compliance
Lightning Source LLC
LaVergne TN
LVHW072058060526
838200LV00061B/4770